Ye

14105.

NOUVEAU RECUEIL DE CHANSONS.

L'AMI

DE LA

CHANSON.

SOMMAIRE.

1re LIVRAISON.

MAISON SPECIALE

A. HURÉ.

LIBRAIRE-ÉDITEUR,

RUE DAUPHINE, 44, PRÈS LE PONT-NEUF.

LE PÈRE JÉROME.

AIR : *De Bonhomme.*

Jérôme est dans le village
Plus connu que le loup blanc;
Je ne fais pas grand tapage
Et dé ense peu d'argent.
Un service faut-il rendre,
Pour donner je suis tout prêt,
Puisqu'au ciel Dieu doit me rendre
Tout le bien que j'aurai fait.
    Car, Jérôme
      Est un bonhomme,
Qui n'a pas un gros trésor,
Mais Jérôme chante encor.   (*bis.*)

J'étais une folle tête
De quatorze à dix-huit ans,
Aimé de chaque fillette
Et la terreur des mamans.
Dans les bois ou la prairie
Je jouais aux petits jeux;
Vieux diable, aujourd'hui je prie
Et j'instruis les amoureux.

A vingt ans, combien de femmes
Qui me faisaient les yeux doux;
Moi, j'aimais toutes ces dames,
Puisque Dieu dit : aimez vous !
C'est un bonheur qui, sur terre,
Nous cause bien du chagrin;
Maintenant je lui préfère
Faute de mieux, le bon vin.

J'ai bien rempli ma carrière,
J'en garde un doux souvenir;
J'ai fait du bien sur la terre
Et j'ai su me divertir.
A mourir, je me dispose;
Je veux mourir en riant;
Que sur ma tombe on dépose :
Ci-gît un vrai bon vivant !

                F. VERGERON.

PAS D' CHANCE

AIR : *de Paillasse*. (Même auteur.)

Lorsque je naquis certain soir
  Au milieu de la rue,
Il faisait un temps froid et noir
  Qui fêta ma venue.
Mon père était gris, — Pour calmer mes cris,
  Me pinçait en silence ;
Né sur le pavé, — Le sort m'a prouvé
  Que je n'avais pas d' chance.

Apprenti chez un maréchal,
  Vieillard méchant et lâche,
Qui me battait comme un brutal
  Chaque jour sans relâche.
Las de tant souffrir, — Je voulus m'enfuir,
  Rêvant l'indépendance ;
Mais je fus trahi — Par mon seul ami :
  Vraiment, je n'ai pas d' chance !

Plus tard, ouvrier plein d'ardeur,
  Je travaillais sans cesse,
Quand, pris d'amour, mon pauvre cœur
  Fit choix d'une maîtresse.
Dans un doux lien, — Je mis tout mon bien,
  J'étais sans défiance ;
Mais ma femme, un jour, — Trompa mon amour :
  Vraiment, je n'ai pas d' chance !

Las de l'amitié, de l'amour,
  De si triste mémoire !
Je voulus tâter à mon tour
  Des chances de la g'oire.
Comme un vieux soldat, — Dans plus d'un combat,
  J'ai montré ma vaillance ;
Un autre, je crois, — Eut pour moi la croix :
  Vraiment, je n'ai pas d' chance !

Maintenant, je suis pauvre et vieux,
  Et pour moi rien ne change ;
Si je passe un instant joyeux,
  Le guignon me dérange.
Vaincu par le sort, — Même après ma mort,
  J'ai presque l'assurance
Que chez l'éterne , — Pour entrer au ciel,
  Je n'aurai pas la chance !

              Eugène BAUMESTER.

LE LAIT ET LE VIN

CHANSON de Jules DUVERT.

AIR : *Ne grandis pas.*

Tétez, tétez au sein de votre mère,
Buvez-en bien, mes chers petits enfants,
De ce lait pur, ce nectar salutaire,
Qui vous conduit gaîment aux premiers ans !
Depuis longtemps, je n'ai plus ce breuvage,
Et comme moi vous deviendrez plus tard !
    Vous deviendrez plus tard !
Dieu répartit la boisson pour chaque âge :
Je bois du vin, c'est le lait du vieillard !
Je bois du vin (*bis*), c'est le lait du vieillard !

Ce lait si doux qui convient à l'enfance
Ne peut calmer que des pleurs innocents ;
Mais quand on a passé l'adolescence,
On a besoin de calmants plus puissants !
Privés alors du sein de notre mère
Et de ces soins qu'on ne voit nulle part,
    Qu'on ne voit nulle part.
Mes bons amis, nous tétons dans un verre;
Le vin, alors, est le lait du vieillard !
Le vin, alors (*bis*), est le lait du vieillard !

Vient l'âge mûr; puis, enfin, la vieillesse;
Chagrins, regrets, viennent nous assaillir ;
Mais à quoi bon regretter la jeunesse ?
Le temps passé ne peut pas revenir !
On boit du lait lorsqu'au monde on arrive;
Mais quand on est au moment du départ,
    Au moment du départ,
Pour arriver gaîment sur l'autre rive,
Buvons du vin ! c'est le lait du vieillard !
Buvons du vin (*bis*) ! c'est le lait du vieillard !

Dans tous les temps, il nous faut de quoi boire;
Jeunes ou vieux, chacun en a besoin!
Je le soutiens, et le fait est notoire ;
Chacun de vous peut en être témoin.
Du créateur admirons la sagesse,
Qui ne laissa jamais rien au hasard !
    Jamais rien au hasard !
Il fit le lait, ce vin de la jeunesse,
Comme le vin est le lait du vieillard !
Comme le vin (*bis*) est le lait du vieillard.

LE
MARYLAND

RONDEAU.

———— ⚙ ————

AIR : *J'avais à peine vingt-cinq ans.*

Place, place au maryland,
Tabac chéri des grisettes,
Chez nos piquantes lorettes
Il doit être au premier rang.

Blond, soyeux, je vous arrive
Gracieuses déités ;
Vous toutes qui criez : Vive
Le maryland ! — écoutez !
Dès le matin, belle à voir,
Laïs, de ses lèvres closes,
M'aspire, et de songes roses
Je parfume son boudoir.

Que d'amants, barbons imberbes,
Dans ce temple des faux dieux,
Font là des serments superbes
Nés sous mes nuages bleus.
Et sous le doigt délicat
Dont le fin toucher me roule,
Je vois se courber en foule
Grands, petits, *et cætera.*

La jeunesse étudiante,
Chez *Burier*, dans ses *ébats*,
Me fume vive, attrayante,
Sous les bosquets des *lilas*.
Puis, sous le gant parfumé
De la plus fière lionne,
Mon âme aussi tourbillonne,
Des lions sots m'ont fumé.

Les reines de nos théâtres,
Aux heures d'oisiveté,
Souriantes et folâtres,
Me fument en liberté.
Au quartier Bréda, toujours,
J'ai su, par droit de conquête,
M'entourer chez la lorette
D'or, de soie et de velours.

Passe-temps des filles d'Ève,
Enfin, je préside au chic ;
C'est moi qui, seul, porte au rêve
Tout un ruineux public.
Aussi quand le jour a fui,
Noyé d'amour, de champagne,
Quand chacun bat la campagne
Je m'endors chez *Frascati !*

Place, place au maryland,
Tabac chéri des grisettes,
Chez nos piquantes lorettes
Il doit être au premier rang.

JOSEPH EVRARD.

LE POISSON D'AVRIL.

AIR : *Du vieux Braconnier.*

Qui peut me dire où se perche,
L'oiseau qu'on nomme amitié?
La moitié du monde cherche
A tromper l'autre moitié.
A douze mois d'intervalle
On oublie un tour subtil,
Et chaque année on avale
Encore un poisson d'avril.

La Champagne et la Bourgogne,
En fait de vins, ont bon dos;
Cent fois plus que la Gascogne
N'en fait, l'on vend du Bordeaux.
C'est qu'au lieu de vins toniques,
Le marchand sait bien, dit-il,
Faire avaler aux pratiques
Encore un poisson d'avril.

Près d'une fi le rebel'e,
Jean se montrait aguerri ;
Fi! ma vertu, dit la belle,
Doit échoir à mon mari.
Fier du refus qu'il éprouve,
Il court à l'Etat civil,
Et, rentré chez lui, Jean trouve
Encore un poisson d'avril.

J'ai pour voisin un compère
Qui, semblant fier, chaque fois,
Va déclarer qu'il est père
A peu près tous es neuf mois.
Mais ce titre qu'il s'impose
De par le Code civil,
Est pour lui, je le suppose,
Encore un poisson d'avril.

Va-t-on, au jour qu'on redoute,
Peupler un monde inconnu?
Pour nous tirer de ce doute,
Aucun mort n'est revenu.
Lorsque de notre pauvre être,
Se brise ici-bas le fil,
Dieu'! si la mort pouvait être
Encore un poisson d'avril.

J.-C. GAGNEUX.

ON VA BIENTOT
SUPPRIMER les POCHARDS

COMPLAINTE

Par Gustave LEROY.

— ◆ ◆ ◆ —

AIR: *Contentons-nous d'une simple bouteille.*

———

Désolez-vous, pochards à rouges trognes ;
Lamentez-vous, vieux piliers d'assommoirs :
On fait, dit-on, un' loi sur les ivrognes,
On veut qu' chacun comprenne ses devoirs.
D'après cett' loi, que d'puis peu l'on discute,
On n' verra plus sur les quais, les boul'varts,
L'homme descendre au niveau de la brute :
On va bientôt supprimer les pochards !

Soupe à l'oignon complément des ribottes,
J'ai bien des fois admiré ta saveur ;
Chez moi l'oignon se rencontrait par bottes.
Je fus toujours un prévoyant buveur.
Je te maudis... devant un tel scandale,
Légume affreux, n'attends plus mes égards,
Le prix d' l'oignon va baisser à la Halle :
On va bientôt supprimer les pochards !

De temps en temps une étoile brillante,
Ayant pour queue un rayon lumineux,
Rend du raisin la récolte abondante,
Et fait son jus doux et délicieux.
Que la nature aujourd'hui me permette
De refuser ses merveilleux hasards :
Que voulez-vous qu'on fass' de la comète ?
On va bientôt supprimer les pochards !

Marchands de vins, qui vendiez d' la teinture,
Au gain injuste il faudra dire adieu ;
Tout de travers vous penchiez la mesure,
Car le pochard n'y voyait que du feu.
Vous n'aurez plus alors besoin de mettre
Dans votre vin l'élément des canards.
Chaqu' jour la Sein' va remonter d'un mètre :
On va bientôt supprimer les pochards !

Quand je suis gris, ma femme me querelle
(Et ça n' m'arriv' jamais qu' deux fois par jour),
Vous croyez p't-êtr' que je suis plaint par elle ?
Détrompez-vous, j'ai perdu son amour.
Pourtant j' la bats chaque fois que madame
Veut m'insulter quand j' suis dans les brouillards.
Comment f'rais-j' bien maint'nant pour battr' ma femme,
Puisque l'on va supprimer les pochards ?

Adieu l'eau-d'-vie affreusement poivrée,
Adieu surtout l'absinthe au vert de gris ;
Adieu, le punch, cett' julienne sucrée,
Adieu les vins fabriqués à Paris ;
Adieu, licheurs, vrais piliers des barrières,
Adieu bibons, poivriers et soiffards ;
Adieu surtout aimables camphrières :
On va bientôt supprimer les pochards !

LA
PETITE FANCHON

CHANSONNETTE

Paroles de P. GAGNEUX.

———

AIR : *Voisine, fermez-donc vos rideaux !*

Tout à côté de ma chambrette
Loge la petite Fanchon ;
C'est une charmante grisette,
Chantant toujours comme un pinson.
J'aime entendre sa voix divine
Quand elle chante les amours ;
Je dis : chantez, belle voisine,   } *bis.*
Charmez le printemps de vos jours !

Le luxe n'est point chez la belle
Ce qui, d'abord, frappe les yeux ;
Mais ce qu'on voit régner en elle,
C'est la gaîté, don précieux.
A ceux qu'assiége la famine,
Elle prodigue ses labeurs ;
Je dis : donnez, belle voisine,   } *bis.*
Il est doux d'essuyer des pleurs !

Parfois un richard vient lui dire :
« Vois ces diamants, vois cet or ;
« A mes vœux si tu veux sourire,
« Ils sont à toi, d'autres encor ! »
Fanchon refuse, on le devine ;
Puis, j'entends un rire moqueur...
Je dis : riez, belle voisine,   } *bis.*
Mais ne vendez pas votre cœur !

Souvent la nuit je me réveille
Au bruit de propos amoureux ;
Curieux et prêtant l'oreille,
J'entends rire et causer à deux.
De Fanchon, la bouche lutine
Donne des baisers bien brûlants !
Je dis... : aimez, belle voisine,   } *bis.*
Vous n'aurez pas toujours vingt ans !

MA BOUTEILLE

CHANSON.

Paroles de Félix ROUSSEL.

AIR : *Du Vin d'Argenteuil.*

Lon lon la, bouteille ma mie,
Lon lon la, tu seras toujours,
Lon lon la, bouteille chérie,
Lon lon la, mes seules amours !

Je chante ma bouteille,
  Mon seul médecin ;
Je l'aime quoique vieille,
  Elle est tout mon bien.
Quand elle est sur ma table,
Par son jus délectable,
Je la trouve adorable
  Et je bois sans fin.
    Lon lon la, etc.

Le plaisir qu'elle donne
  Chasse le chagrin ;
Va, coule ma mignonne,
  Ce n'est pas en vain.
Ta liqueur fait merveille,
O bouteille vermeille !
Ma gaîté se réveille,
  Et je dis soudain :
    Lon lon la, etc.

Sa taille est rebondie
  Et charme les yeux,
Sa gorge est arrondie,
  Tout est gracieux.

Je la crois bordelaise,
Peut-être mâconnaise,
Et près d'elle à mon aise
Je m'égale aux dieux.
Lon lon la, etc.

Son âme n'est pas noire,
Son empire est doux ;
Elle est toute ma gloire,
Et j'en suis jaloux.
O maîtresse chérie !
A toi toute ma vie,
J'adore l'harmonie
De tes glous glous glous.
Lon lon la, etc.

Elle n'est point jalouse,
Si je vais parfois,
Chercher une autre épouse
Dans d'autres endroits.
Elle sait bien, la belle,
Si je suis infidèle ;
Qu'enfin, c'est toujours d'elle
Dont je suis les lois.
Lon lon la, etc.

Si la mort inhumaine
Frappe quelque jour,
Ma bouteille sois pleine
Quand viendra mon tour.
Verse, verse à plein verre
Pour quitter cette terre.
Adieu donc, ô ma chère !
Adieu, sans retour.
Lon lon la, etc.

MA PHILOSOPHIE,

CHANSON
DE JULES DUVERT.

AIR : *Des trois Lurons,* ou *Pandore.*

On dit que je suis philosophe ;
Mais, franchement, je n'en crois rien ;
J'aurais peut-être assez d'étoffe
Pour faire un bon épicurien.
Mais de Caton et d'Épicure,
La distance est grande, je crois ;
J'aimerai bien, je vous assure, } bis.
Être tous les deux à la fois.

Mais, si Caton était un sage,
Épicure ne l'était pas ;
Dans un délicieux breuvage,
Ce dernier trouvait des appas.
Caton préférait la sagesse
Qui ne donne pas de plaisir ;
Épicure aimait mieux l'ivresse : } bis.
Lequel des deux faut-il choisir ?

On fait, dit-on, de l'abondance,
En mêlant le vin avec l'eau ;
Pourrait-on, dans cette occurence,
En faire autant ? Ce serait beau !
La sagesse avec la folie,
Ferait un mélange divin ;
L'existence alors accomplie } bis.
Serait comme l'eau dans le vin.

Ceux qui disent que la sagesse
N'existe qu'en buvant de l'eau,
Commettent une maladresse
Et compromettent leur cerveau.
Par ce raisonnement indigne,
Croient-ils donc nous convertir ?
Dieu nous fait-il pousser la vigne,
Pour que nous la laissions pourrir ! } bis.

PRENEZ BIEN GARDE

DE LE PERDRE,

CHANSON SANS RIMES.

Paroles de Gustave LEROY.

AIR : *Paillasse, mon ami, saute pour tout le monde.*

D'puis vingt ans que j' fais des **chansons**,
Ai-je aligné des rimes ;
Vous croyez p't-êtr' que c'te fois-ci
Je vais m' casser la tête.
Vous qui me lirez,
Vous s'rez tout surpris
De trouver des vers libres ;
Si vous êt's un peu
Avar's de votr' temps,
Prenez bien gard' de l' perdre.

Les poèt's dressent à l'amitié
Un bel arc-de-triomphe ;
Vous croyez tous ce sentiment,
Le plus beau d' la nature :
Dans tous vos amis,
Citez m'en un seul
Qui n' surpasse point Tartuffe ;
Et s'il en est un
Qui vous aim' tout d' bon,
Prenez bien gard' de l' perdre.

J'ris des critiques de journaux
Qui, rendant compt' d'un livre,
S' figu'nt être des becs de gaz
Et ne sont qu' des chandelles.
Décriez Hugo,
Disséquez Musset,
Sots corbeaux littéraires ;
Pensant qu' vous aûrez
C' que vous n'avez pas :
Prenez bien gard' de l' perdre.

Je connais certains vieux rentiers,
 Enrichis par l'usure,
Qui se moquent des paysans
 Qui plant'nt des pomm's de terre.
  Hommes au cœur sec,
  Comme on fait du blé,
  Plant'z pendant des siècles
  Vos p'èc's de cent sous ;
  Et pu's, c' qui poussera,
 Prenez bien gard' de l' perdre.

Des gens sans éducation
 S' font gloir' d' leur ignorance ;
Ce qui n'est que du mauvais goût,
 Ils le nomment sans gêne.
  Paraître plaisants
  Est leur grand dada ;
  Vous qui, pour être farces,
  Du pouce et d' l'index
  Vous fait's un mouchoir,
 Prenez bien gard' de l' perdre

Femmes qui trouvez un mari
 Qui rapporte sa paie ;
Et lor qu'il va dans un café,
 Vous gard' ses morceaux d' sucre ;
  Qui ne ment jamais,
  Qui travaill' toujours,
  Et soit fort sur le poivre ;
  Qui n' se fâche pas
  D'être votre serf :
 Prenez bien gard' de l' perdre.

Etre rich' comm' l'emp'reur des Turcs,
 N'est point ce que j'envie ;
Pour moi, l' bonheur n'est pas toujours
 Des sequins et des p'astres.
  J'aime un morceau d' pain,
  Quand j'étends dessus
  L'orgueil de ma misère.
  Vous, dont l' vrai bonheur
  Est de n'avoir rien :
 Prenez bien gard' de l' perdre.

MÂ MÈRE ET TON CŒUR.

AIR : *Viens, belle nuit.*

Sous les balcons d'une brune créole,
Un jeune page avec bonheur chantait
Ces mots charmants à son unique idole,
Qu'avec ivresse heureuse elle écoutait :
Vois, ton esclave à genoux te supp ie
D'avoir, hélas ! pitié de sa douleur !
Si tu le veux, prend mon sang et ma vie ;
Mais, en échange, oh ! laisse-moi ton cœur !　　｝ bis.

Ah ! lorsqu'un soir, folle, vive et légère,
Tu m'apparus belle de tes printemps ;
J'oubliai tout, jusqu'à ma pauvre mère !
Oui, j'oubliai ma mère aux cheveux blancs!
Elle n'avait cependant sur la terre
Qu'un seul enfant qui faisait son bonheur,
Et cet enfant te préfère à sa mère ;
Pour elle, au moins, oh ! laisse-moi ton cœur !｝ bis.

Huit jours après, le jeune et tendre page,
Qu'un doux espoir depuis longtemps berçait,
Plaça gaîment l'anneau du mariage
A la main blanche et fine qu'il pressait.
Le chapelain, d'une voix attendrie,
Lui dit alors : Je bénis ton bonheur !
Aime toujours, et partage ta vie
Entre ta mère et l'ange de ton cœur!　　｝ bis.

Marc CONSTANTIN.

FIN.

Paris.— Typ. CHAUMONT, 6, r e Saint-Spire.

EAU RECUEIL DE CHANSONS.

L'AMI
DE LA
CHANSON.

SOMMAIRE.

2me LIVRAISON.

MAISON SPÉCIALE
A. HURD.
LIBRAIRE-ÉDITEUR,
RUE DAUPHINE, 44, PRÈS LE PONT-NEUF.

MES PÉCHÉS

Paroles de F. VERGERON, Musique de CH. LAMOUR.

La Musique se trouve chez A. HURÉ, libraire-éditeur, à Paris,
rue Dauphine, n° 44, près le Pont-Neuf.

De vieux péchés mon âme est désolée :
Je m'en confesse et demande pardon ;
Sous leur fardeau ma gaîté s'est voilée ;
Souvent, hélas ! j'écoutai le démon.
Ce fier démon qui captive mon âme
A de beaux yeux, un sourire enchanteur ;
Je l'ai connu sous les traits d'une femme :
Voilà pourquoi je suis un grand pécheur. } bis.

Lorsqu'à vingt ans la voix de la patrie
Me dit : Enfant ! il faut être soldat,
A ton pays sacrifier ta vie :
J'aurais voulu mourir dans un combat...
Soupir de femme est une loi suprême,
Et ce soupir avait dit à mon cœur :
Ne sois qu'à moi, rien qu'à celle qui t'aime !
Voilà pourquoi je suis un grand pécheur. } bis.

Du malheureux soulageant la misère,
J'aurai voulu, poète favori,
Faire oublier les peines d'une mère,
En lui parlant de son enfant chéri.
Je ne songeai qu'à mon amour extrême,
De mon prochain j'oubliai le bonheur :
C'est peu d'un cœur pour aimer qui nous aime :
Voilà pourquoi je veux rester pécheur. } bis.

A LA RONDE,
BUVONS-DONC!

CHANSON BACHIQUE,

Sur un refrain populaire Normand.

———————

REFRAIN :

« A la ronde, eh! buvons donc,
De ce vin, le meilleur du monde!
A la ronde, eh! buvons donc,
De ce vin, car il est bien bon. »

Qui, point n'en boira,
Aura la pépie,
Ou bien, il mourra...
D'une aut'maladie.
A la ronde, etc.

J' viens d'en héritais,
D' mon cousin Magloire.
Il l'avait tirais...
C'est à nous de l' boire!
A la ronde, etc.

L'avar' n'a point dû
Partir pour *la gloire* ;
Puisqu'il s'est pendu
De peur d'en trop boire!
A la ronde, etc.

A coups d' gaul', cheu nous,
Se fait la vendange ;
Aujourd'hui, pour vous,
J' mets tout en vidange...
    A la ronde, etc.

Pour boire, aux Normands,
Au cidre, à la bière,
Trinquons, vieux gourmands :
Rouge est notre verre !
    A la ronde, etc.

Pour voir, entre nous,
Lequel, du vin d' France,
Ou du cidre doux,
Vaut la préférence...
    A la ronde, etc.

Pendant qu' maint buveur
Qui n'est pas bon diable,
Pour sa part du chœur
Ronfle sous la table...
    A la ronde, etc.

Et nous, au caveau,
Ne laissant qu' la lie,
Nous crierons : *bravo !*
La *pièce* est finie !
    A la ronde, etc.

JULES CHOUX.

LES GAIS PIPEAUX

Air : nouveau

REFRAIN.

Allons, gais pipeaux,
Plus de mélancolie,
Enfants de la folie
Agitez vos grelots.

} *bis.*

Gais momusiens, plus de crainte ni gêne,
Et de nos maux sachons bannir la peine,
Quand on est mort, L'ésaugiers nous a dit :
C'est pour longtemps, ainsi donc, mes amis.
  Allons, gais pipeaux, etc.

Disciples de Bacchus, partisans de Silène,
Versez, amis, versez a tasse pleine,
Énivrons-nous, morbleu, et nous ne verrons pas
Tous les abus qui se font ici-bas.
  Allons, gais pipeaux, etc.

Pour mettre un terme aux tourments de la vie,
Foulons aux pieds la discorde et l'envie,
Fuyons l'ambitieux qui cherche les grandeurs.
D'un frère malheureux allons sécher les pleurs.
  Allons, gais pipeaux, etc.

Plus de combats, d'émeute populaire,
Ne nous battons, amis, qu'à coup de verre,
Dans ces combats, témoins de nos succès,
L'on ne voit pas couler le sang français,
  Allons, gais Pipeaux, etc.

Le vin et la chanson, voilà notre devise,
L'amour et l'amitié, voilà notre franchise,
Jouissons, mes amis, le temps est incertain,
Qui peut savoir si nous vivrons demain.
  Allons, gais pipeaux, etc.

COELINA.

BONHEUR, AMOUR ET GLOIRE.

CHIMÈRES.

AIR: *D'El Karoubi, ou le Poète arabe,*
ou Fleur de l'Ame.

J'avais mis mon bonheur aux mains de la fortune,
Qui, m'excitant au jeu, m'emporta beaucoup d'or ;
Le reste disparut chez la blonde et la brune,
Qui, le faisant rouler, certes n'eurent pas tort.

REFRAIN.

A table, et verre en main, ensemble, camarade,
Oublions le chagrin,
Et, nargue du destin !
Opposons en buvant une pleine rasade,
Au fâcheux souvenir,
L'espoir dans l'avenir.

J'avais mis mon amour aux pieds d'une Lisette,
Et voulais, par l'hymen, assurer son bonheur ;
Mais un autre lui plût.., et, bientôt la coquette,
Emporta mon amour, mes projets et mon cœur.

A table, etc.

J'avais rêvé la gloire, — aux grands jours de bataille,
Et, voulant l'acquérir, même au prix du trépas,
Je montrai mon courage au fort de la mitraille :
Un autre en eût l'honneur, qui ne combattait pas.

A table, etc.

L'Amour, l'ambition, la femme et l'or, chimères !
Fantômes décevants, corps sans âme et sans cœur ;
La gloire seule est là... qui sourit dans nos verres,
C'est l'âme d'un vin pur, qui donne le bonheur !...

A table, etc.

JULES CHOUX.

LE SOMMEIL

ROMANCE.

Paroles de CONSTANTIN DAUJAT. Musique de V. ROBILLARD.

La Musique se trouve chez **A. HURE**, libraire-éditeur à Paris,
rue **Dauphine**, n° **44**, près le **Pont-Neuf**.

Quand le bonheur loin de la terre
Se fut envolé dans les cieux,
Dieu, pour tromper notre misère,
Voulut que nous fermions les yeux.
Depuis lors, chaque jour dans l'onde
Il précipite le soleil,
Et chaque nuit sur notre monde
Il fait descendre le sommeil.

Que le jour commence ou s'achève
Sur le duvet ou sur la grève;
O sommeil! tes parfums sont doux, si doux!
Donne-nous à chaque heure un rêve,
Bon ange, Dieu te fit pour nous!

Sous la main du temps tout succombe,
Se disperse; et moi de bien loin,
Je vois là-bas s'ouvrir ma tombe
Et la mort guetter dans un coin.
Mais sur cet horizon si triste,
Sur ce néant, sur ce tombeau,
Le sommeil clément qui m'assiste
Vite accourt baisser le rideau.
        Que le jour, etc.

Quand sur les pas de l'indigence,
Dont le sceptre vient m'effrayer,
Tous les malheurs en diligence
Viennent s'asseoir à mon foyer.
Le sommeil, sur l'aile d'un songe,
M'emporte au loin dans un palais,
Où, grâce à cet heureux mensonge,
Je règne sur nombreux sujets.
        Que le jour, etc.

LES DIEUX D'HOMÈRE

Air: *Béranger à l'Académie.*

Siècles heureux de la mythologie,
Que je voudrais vous voir revivre encor!
Car, celui-ci n'a pas d'analogie,
Avec les temps où régnait l'âge d'or.
Siècle de fer, de houille et de bitume,
Tes hauts-fourneaux noircissent l'horizon;
Les cris aigus jetés par ton enclume
Ont effrayé les dieux de ma maison. (*bis.*)

Nos lois, nos mœurs, nos usages antiques,
Que présidait chaque divinité,
Etaient les sœurs des vertus domestiques;
Mais le progrès n'était pas inventé.
Simplicité qu'égayait Epicure;
Plus d'une fois je t'ai donné raison;
Ton temple gît sous celui de Mercure:
Ils ont chassé les dieux de ma maison! (*bis.*)

Les bois, les monts, les vallons et les plaines,
Retentissaient des airs de nos pipeaux:
De nos moissons les granges étaient pleines,
Et nous dansions au milieu des troupeaux.
Mais aujourd'hui que la vie est active,
J'ai vu le temps, triste comparaison,
Courir après une locomotive.
Vous emportez les dieux de ma maison! (*bis*)

Tandis qu'Hébé nous versait l'ambroisie,
Et que Vénus d'un souris grâcieux
Applaudissait le chant, la poésie,
On remarquait la sagesse des dieux.
Beaux jours passés! — Vous trouvez préférable
Un vin mousseux qui trouble la raison;
Jupin s'endort, Minerve est sous la table!...
Vous corrompez les dieux de ma maison. (*bis.*)

A. GUY.

LES MARIONNETTES

DE PETIT JACQUES

CHANSONNETTE

———

AIR: *des Jolis Pantins*. (L. ABADIE.)

A l'âg' de sept ans, quittant ma patrie,
Le sac sur le dos, je vins à Paris ;
J'y montrai d'abord la marmotte en vie ;
Mais, ne récoltant qu'ennuis et soucis,
J' vendis la marmotte et changeai d'avis :
Pour mes douze francs, j'eus quinze poupées ;
Je pris une planche, un' flûte, un tambour...
Puis, avec ma troup' des mieux équipées,
Je fis mes débuts dans un grand faubourg.

    Garçons et fillettes,
    V'nez voir, aux refrains
    De mes chansonnettes,
    Danser mes pantins ;
    Et vous, marionnettes,
    Sautez aux refrains
    De mes chansonnettes,
    Mes gentils pantins !

J'ai, selon les goûts, pantins de rechange ;
J'offre à la coquette, un *abbé galant* ;
J'ai pour la lorette, un agent de change ;
Pour la cuisinière et la bonn' d'enfant,
Un bon gros sapeur, un naïf Jean-Jean,
J' garde mes *pierrots* pour les gens de *plume*,
Mon juge *prud'homme* est à l'ouvrier.

Bref, à plaire à tous, ma troup' s'accoutume
Sachant ce qu'il faut dans chaque quartier.
    Garçons, etc.

Le proverbe dit : ce qui vient d' la flûte,
Toujours, tôt ou tard, retourne au tambour.
Plus d'un beau pantin, faisant la culbute,
S'est cassé la jambe, un' jambe faite *au tour*,
Qui m' coûtait le prix du travail d'un jour !
Dans l' sac aux oublis, avec d'autr's, il danse,
Car déjà, comm' lui, plus d'un a fait l' *saut*...
Dansez, gais pantins, mais r'tenez d'avance,
Qu'on n' doit pas sauter plus fort qu'il ne faut.
    Garçons, etc.

Gentils arlequins, marquise, bergère,
Compagnons joyeux qui font exister,
D'un autre, à présent, rendez l' sort prospère :
Votre directeur ne doit plus rester,
Le temps va venir, pour lui, d' vous quitter !
Son sac est garni, sa boursette est pleine ;
Sa mère, au pays, l'attend tous les jours,
Gardant un trésor : la blonde Mad'leine !
Qui pleurait, pendant qu' nous chantions toujours !
    Garçons et fillettes,
    V'nez voir, aux refrains
    De mes chansonnettes,
    Danser mes pantins ;
    Et vous, marionnettes,
    Sautez aux refrains
    De mes chansonnettes,
    Mes gentils pantins.

                    JULES CHOUX.

LES CONSCRITS

MARCHE GUERRIÈRE.

Sur l'air de la

RONDE CHANTÉE DANS LES CARRIÈRES DE MONTMARTRE.

La Musique se trouve chez **A. HURÉ**, libraire-éditeur à Paris, rue Dauphine, n° 44, près le Pont-Neuf.

Conscrits, faut quitter l'pays
Pour aller à la guerre !
     bis.
Puisque l'sort nous a choisis
Pour vaincre les ennemis,
    Suivons l'régiment,
    En chantant gaîment :
     bis.
    Viv' l'Etat militaire !

Ne craignons pas le brutal,
A la première affaire !
     bis.
Ça fait plus d'bruit que de mal ;
Soit à pied, soit à cheval,
    Allons-y gaîment,
    Suivons l'régiment :
     bis.
    Viv' l'Etat militaire !

Conscrits, un jour paraîtra,
Notre histoire guerrière ;
     bis.

Et celui qui la lira,
Aux autres pays dira :
 Que not' régiment,
 Se battait gaîment...
Viv' l'Etat militaire !   } bis.

D'la blouse à l'habit brodé, } bis
Ya l'épaisseur d'un verre;
Quand le conscrit l'a vidé,
Il rêve..... qu'il est gradé,
 Et trinque gaîment,   } bis.
 A son avanc'ment...
Viv' l'Etat militaire !

En attendant qu'à not' choix, } bis.
Pour notre ardeur guerrière,
Nous ayons un' jamb' de bois,
Un nez d' carton ou... la croix,
 Dans le régiment,   } bis.
 Répétons gaîment :
Viv' l'Etat militaire !

JULES CHOUX.

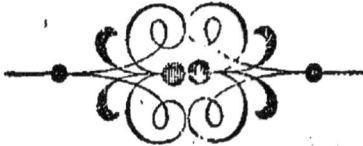

LE
CHANT DE GÉRARD

LE TUEUR DE LIONS.

Air : *Du retour en France.*

(*Caressant sa carabine.*)

« Je t'aime bien, ma fidèle compagne,
« Je t'aime mieux que l'or de la Kasba.
« Allons! allons! encore une campagne,
« Attendons l'heure où le lion viendra.

(*Il se met en embuscade.*)

Hier, il a, dans la ferme voisine,
 Mangé deux bœufs... c'est un rude causeur!
« Quand il viendra, ma bonne carabine,
« Fais ton devoir... frappons, frappons au cœur!

« Le vieux lion tarde bien à paraître!
« Ignore-t-il que je fais faction?
« Peut-être il craint de rencontrer son maître :
« Lion qui tremble est un mauvais lion.
« Lui, trembler! non, si j'en juge à sa mine,
« Jamais, jamais il n'a connu la peur.
« Quand il viendra, ma bonne carabine,
« Fais ton devoir... frappons, frappons au cœur!

« Ah! cette fois, le voici qui s'avance,
« L'oreille au guet et la crinière au vent ;
« Nous allons donc nous trouver en présence.
« Sire, avancez au mot de ralliement!
« Je crois qu'il sent la poudre et nous devine;
« Mais il prétend nous montrer sa valeur.
« Voici l'instant, ma bonne carabine,
« Fais ton devoir... frappons, frappons au cœur!

D'une main sûre il presse la détente;
L'arme fidèle a rempli son devoir :
Le lion tombe, et la terre sanglante,
Atteint au cœur, vient de le recevoir.
Il bat le sol de sa robuste échine,
Fait un effort, le dernier... puis il meurt.
« Honneur à toi, ma bonne carabine,
« Honneur à toi! tu l'as atteint au cœur!

Entendez-vous cette clameur bruyante,
Signal joyeux qui vient de tout côté !
Le vieux lion qui jetait l'épouvante,
Sur un brancard en triomphe est porté !
Devant Gérard chaque Arabe s'incline;
Reconnaissant, il bénit le chasseur.
« Gloire à Gérard, sa bonne carabine
« Frappe toujours... frappe toujours au cœur! »

LES BROUILLARDS

AIR : *Tenez, moi, je suis un bon homme.*

Pour un gastronome intrépide
Quel triste sujet à chanter !
Mais comme il est assez humide,
Je commence par m'humecter ;
Si le vin trouble un peu ma vue,
Amis, pardonnez mes écarts ;
On peut bien faire une bévue,
Lorsque l'on est dans les brouillards.

Le papier brouillard ne peu guère
Garder l'empreinte d'un écrit ;
Aussi, chez Plutus, chez Cythère,
Ce papier a-t-il du débit :
Serment d'amour, vœu d'être sage,
Billets payables sans retard,
Jusqu'aux contrats de mariage,
Tout s'écrit sur papier brouillard.

Figeac à son futur beau-père
Disait. « Sandis ! s'il faisait beau,
Sur l'autre bord de la rivière,
Vous admireriez mon château ;
Mais un nuage l'environne,
Et nous dérobe ses remparts...
Les biens placés sur la Garonne
Sont presque tous dans les brouillards. »

Brouillons tous les vins de la cave,
Brouillons Tonnerre et Malaga,
Broui lons Mâcon, Champagne et Grave,
Brouillons et Madère et Rota ;
Que de leurs vapeurs salutaires
Jaillissent des couplets gaillards ;
Mais entre nous, mes chers confrères,
Jamais, jamais d'autres brouillards.

DÉSAUGIERS.

LE VIN BLEU DU PÈRE MICHEL.

AIR : *Et plus d'un Maréchal de France.*

O toi ! qui, même à la campagne,
Veux avoir le cœur réjoui,
Par le Bordeaux ou le Champagne,
Crains d'être trop vite ébloui
Par l'air de la tour de Crouy. (1)
Le vin blanc, dans ce maudit bouge,
Tombe tout préparé du ciel,
Et l'on y boit pour tout vin rouge,
Le vin bleu du père Michel   { *bis.*

Quiconque aime à boire rasade,
Doit craindre aujourd'hui pour le vin :
La vigne est, dit-on, si malade,
Que, malgré l'art du médecin,
Partout manquera le raisin.
Bah ! le raisin, dans cette affaire,
N'est pas le point essentiel :
Qu'en est-il donc besoin pour faire   } *bis.*
Le vin bleu du père Michel ?

Je ne sais plus à quelle date
L'histoire cite, avec raison,
Le courage du grand Socrate,
Qui, calme, au fond de sa prison,
Vida sa coupe de poison.
Mais ce fait, quoique méritoire,
Vaut-il donc l'acte du mortel
Assez intrépide pour boire   } *bis.*
Le vin bleu du père Michel ?

Aussi, voyant la concurrence
Qu'il fait à l'huile de ricin,
Chaque apothicaire de France
Vient de concevoir le dessein
De dénoncer ce mauvais vin.
Car, nul produit d'une officine
Ne peut, le fait est trop réel,
Egaler, comme médecine,   } *bis.*
Le vin bleu du père Michel.

J.-C. GAGNEUR.

FIN.

Paris. — Typ. CHAUMONT, 6, rue Saint-Spire.

NOUVEAU RECUEIL DE CHANSONS.

L'AMI
DE LA
CHANSON

SOMMAIRE.

3me LIVRAISON.

MAISON SPÉCIALE
A. HURÉ.
LIBRAIRE-ÉDITEUR,
RUE DAUPHINE, 44, PRÈS LE PONT-NEUF.
1860

PARTANT POUR LA SYRIE

CHANT NATIONAL.

Paroles et Musique de la Reine HORTENSE.

La Musique se trouve chez **A. HURÉ**, libraire-éditeur à Paris,
rue Dauphine, n° 44, près le Pont-Neuf.

Partant pour la Syrie,
Le jeune et beau Dunois
Venait prier Marie
De bénir ses exploits.
Faites, Reine immortelle,
Lui dit-il en partant,
Que j'aime la plus belle,
Et sois le plus vaillant !

Il trace sur la pierre
Le serment de l'honneur,
Et va suivre à la guerre
Le comte son seigneur ;
Au noble vœu fidèle,
Il dit en combattant :
Amour à la plus belle,
Honneur au plus vaillant.

On lui doit la victoire,
Vraiment, dit le seigneur,
Puisque tu fais ma gloire,
Je ferai ton bonheur.
De ma fille Isabelle,
Sois l'époux à l'instant,
Car elle est la plus belle,
Et toi le plus vaillant.

A l'autel de Marie
Ils contractent tous deux
Cette union chérie,
Qui seule rend heureux.
Chacun dans la chapelle,
Disait en les voyant :
Amour à la plus belle,
Honneur au plus vaillant

LE LAÏTOU

CHANT DE CANOTIERS,

Paroles de **THÉODORE LECLERC** (de Paris),

MEMBRE DE L'UNION DES POÈTES.

AIR: *Vers les rives de France.*

Des rives de la Seine,
Heureux canotiers,
Toujours des premiers
　　Debout
　　Sur le Laïtou.
Voguons, voguons sans peine,
　Non loin de Paris,
　　　Oui,
　　Est un paradis,
Séjour des jeux et des ris.

Venez, canotières,
Sous le ciel d'Asnières,
Où pour les amours
Il est de beaux jours.
Là jamais d'alarmes ;
Si coulent des larmes,
Bientot le plaisir
Viendra les tarir.
　　　Ah !
Des rives de la Seine, etc.

File, blanche voile,
Ainsi qu'une étoile,
Jusque vers Saint-Ouen,
Qui paraît au loin.
Une matelotte
Flaire le pilote :

Ramons tous à bord
Pour gagner le port.
    Ah!
Des rives de la Seine, etc.

Jeune marinière,
Étoile polaire,
Du gai matelot
Ohé! du canot!
Sans craindre un naufrage,
Sur notre équipage,
Ah! que les amours,
Fassent le long cours.
        Ah!
Des rives de la Seine, etc.

O grisette folle;
Sois notre boussole,
L'éclat de tes yeux,
Phare lumineux,
Nous montre la plage,
Terme du voyage,
Où tout voyageur
Trouve le bonheur.
        Ah!

Des rives de la Seine,
Heureux canotiers,
Toujours des premiers
        Debout
    Sur le Laîtou.
Voguons, voguons sans peine,
Non loin de Paris,
        Oui,
Est un paradis,
Séjour des jeux et des ris.

PLAINTE AMOUREUSE

ROMANCE.
Paroles de **Félix ROUSSEL**.
AIR : *Il pleut, il pleut, bergère.*

Si tu voulais, bergère,
Nous irions tous les deux
Le long de la rivière,
Que je serais heureux !
Tiens, entends le ramage
Des oiseaux d'alentour;
Comprends-tu leur langage ?
Ils se parlent d'amour.

Mais vois donc la prairie,
Vois les charmantes fleurs;
Tiens, pares-en, ma mie,
Tes appas enchanteurs;
Allons dans ce bocage,
Près de ce frais ruisseau;
A l'abri du feuillage
Bondira ton agneau.

Pourquoi donc être belle,
Bergère, dis-le moi,
Pour être aussi cruelle,
Si cruelle que toi ?
Vois la tendre fauvette
Qui chante ses amours,
Elle n'est point coquette,
Mais elle aime toujours.

Que ton cœur s'attendrisse,
N'use plus de rigueur;
Que mon tourment finisse,
Viens, vole sur mon cœur !
Tu résistes encore
A mes accents si doux,
Et ton teint se colore
D'un injuste courroux.

Va, je te fuis, bergère,
Je m'en vais de ce pas,
Bien loin dans la bruyère,
Oublier tes appas.
L'écho de la vallée,
Qu'apportera le vent,
De mon âme oppressée
Te dira le tourment.

LES AVEUX D'UNE PORTIÈRE

PARODIE.

AIR : *Ce que j'aime.*

J'aime les bavardages,
Les ragots, les cancans ;
J'aime, dans les ménages,
N' voir ni d' chiens ni d'enfants.
J'aime aussi boir' la goutte,
Quand j'ai pris mon p'tit noir ;
J'aime, coûte que coûte,
Qu'on m' laiss' dormir le soir.

    Mais j'aime à la folie,
    Une bête, un chat à l'œil doux ;
    Quand je le vois, j'oublie   (*bis.*)
    Mes s'rins et mon époux.

J'aime beaucoup la bonne
Qui, pour moi, chipp' du vin ;
J'aim', quand ma soupe mitonne,
Y trouver du gratin.
J'aim' que ma tabatière
Regorge de tabac ;
J'aime, foi de portière,
Le troubl' et le micmac.
    Mais j'aime, etc.

J'aime le locataire
Qui rentre avant minuit ;
J'aim' le célibataire
Qui décemment s' conduit.
J'aime à faire le ménage
De la p'tit' dam' du s'cond,
Dont le mari voyage
Et dont l' cousin est blond.
    Mais j'aime, etc.

J'aim' que l'on soit honnête,
Qu'on me bourr' de douceurs ;
J'aim', le jour de ma fête,
Qu'on m' donn' de grands pots d' fleurs.
J'aim' devant la ch'minée
Me chauffer les mollets ;
J'aim', à la fin d' l'année,
R'cevoir beaucoup d' jaunets.
    Mais j'aime, etc.

              J. DE BLAINVILLE.

CHANSON A BOIRE

AIR : *Béranger à l'Académie, ou J'étais fou.*

Mes chers amis, jouissons de la vie,
Et loin de nous chassons le noir chagrin ;
Pour moi narguant les méchants et l'envie,
Je veux noyer les soucis dans le vin.
Je laisse au gré de ma nef vagabonde,
Couler gaîment le fleuve de mes jours ;
Que l'air soit pur ou que l'orage gronde,
Le verre en main, je veux boire aux amours. (bis.)

Profonds penseurs, je ris de vos doctrines,
De vos grands mots, de vos beaux arguments ;
Je ris surtout de vos piteuses mines,
Mais je crois peu tous vos raisonnements.
Pour moi, je prends le seul plaisir pour code,
Au bruit des pots, je siffle vos discours ;
Je vis heureux en suivant ma méthode,
Je ris, je chante et je bois aux amours. (bis.)

Le vrai bonheur vaut mieux qu'une couronne,
Car, sous la pourpre, on ne le vit jamais ;
En vain l'éclat d'un trône nous étonne,
L'ennui souvent loge au fond des palais.
Un diadème est charge bien pesante,
Et peu de fronts le conservent toujours ;
Marotte en main, sans souci, moi je chante
La gaîté franche et les folles amours. (bis.)

L'or et l'argent, charment-ils notre vie,
Pour être heureux faut-il être un Crésus ?
Moi, mes amis, sans biens et sans envie,
Je vis content, aussi pauvre qu'Irus.
De vrais amis, une aimable maîtresse,
Bien mieux que l'or savent charmer mes jours ;
Coulez, bons vins, égayez ma détresse,
Dans mon réduit enivrez mes amours. (bis.)

FÉLIX ROUSSEL.

LE PLUS BEAU GARÇON
DE BAGNOLET

CHANSONNETTE.

Air : *De la gueule à quinze pas.*

Vous connaissez ben l' beau pays d' Bagnolet,
    Où qu' les m' lons pouss'nt en abondance ;
C'est là que j' naquis, et suis, à l'heur qu'il est,
    L' plus beau qui soit d' ma connaissance.
    L' beau Nicolas, qu'est mon cousin,
A côté d' moi n'est plus qu'un galopin ;
    C'est moi qui suis Jean Citrouillet,
    Le plus beau garçon d' Bagnolet.

Quand j' risque l' dimanch' mon pantalon d' nankin,
    Mes souliers vernis d' la Villette,
Mon gilet citron, mes gants poils de lapin,
    Pour m' voir, passer chacun s'arrête ;
    En fin osier j' port' panama,
L'habit bleu d' ciel à défunt grand-papa ;
    J' vous réponds que d' loin j' fais d' l'effet :
    C'est moi l' plus dandy d' Bagnolet.

Aussi j' fais des frais, dam, faut être généreux,
    Quand on veut plaire à la fillette ;
C'était l'autre soir, chez mon oncl' Plantureux,
    La fête à ma cousin' Nichette ;
    J' lui fis don d'un pot d' cornichons
De deux sous d' flan, d'un d'mi-litre d' marrons ;
    C'est ben plus d' bon goût qu'un bouquet :
    C'est moi l' plus galant d' Bagnolet.

Il faut m' voir au bal, chaqu' fill' vient m'inviter
    Pour la première contredanse ;
On s' tient à l'écart quand je m' mets à sauter,
    Tant gracieus'ment je m' balance ;
    J'enlèv' ma danseuse à bout d' bras,
Je fais craquer le plancher sous mes pas ;
    C'est moi qui suis ça, c'est un fait,
    L' plus fort danseur de Bagnolet.

J' fais tout c' que j' veux d' moi, j' suis un drôle d' farceur ;
    Aussi dans l' pays, j' fais merveilles :
A table, en un r'pas, pour m' mettre en belle humeur,
    J' cass' les assiett's et les bouteilles ;
    Puis j' sais si bien pousser un r'frain
Qu'on m'applaudit quand j'arrive à la fin ;
    J' suis vraiment un luron complet :
    C'est moi l' plus malin d' Bagnolet.

MAURICE PATEZ.

LE CHRIST AU RABOT

Paroles de **Théodore LECLERC**, de Paris.

AIR : *Pour faire un nid.*

Doté d'une essence divine,
Envoyé par le Tout-Puissant,
Dans un hameau de Palestine,
Jadis habitait un enfant.
Or, c'était le fils de Marie,
Jésus, le pauvre charpentier !
Loin de sa céleste patrie,
Il répétait à l'atelier :

REFRAIN.

« Quand par le labeur tout fécondé,
« Loin d'en faire un épouventail,
« Je veux, pour le bonheur du monde,
« Donner l'exemple du travail. »

Prenant, dès que paraît l'aurore,
La bisaiguë et le rabot ;
Plein de l'ardeur qui le dévore,
Pour lui c'est le goût le plus beau.
De joie alors son regard brille,
Disant : « Imite-moi, chrétien ;
« Le travail seul à ta famille
« Donnera le pain quotidien. »

Un matin, que par aventure,
Près de lui sa mère pleurait,
En lui pansant une blessure,
Avec douceur, il lui disait :
« De vous voir sourire, il me tarde ;
« O ma mère ! séchez vos pleurs !
« Pour l'avenir, le ciel vous garde
« De bien plus poignantes douleurs.

« Mortels, livrez-vous sans relâche
« Au travail, ma plus sainte loi ;
« Surtout, pour adoucir la tâche,
« Que dans vos cœurs entre la foi.
« Mais, apôtres de la science,
« Dont s'honore l'humanité,
« Pour voir combler votre espérance,
« Ayez toujours la charité. »

TOUT N'EST PAS ROSE

CHANSON.

AIR: *Vois-tu, Chauvin, faut d' la morale.*

Fils d'un rentier, bonhomme heureux,
Je viens de finir mes études
Et vais cherchant, en vrai peureux,
Sans sortir de mes habitudes,
Une profession, un emploi
Qui me rapporte quelque chose...
Une place, n'importe quoi,
Où je puisse au moins rester *moi!*
Mais je vois que tout n'est pas rose. (*bis.*)

Je me dis: fais-toi médecin,
Cela ne manque pas de charmes,
On soulage le genre humain
Et l'on peut sécher bien des larmes.
On doit aider le malheureux
Et découvrir celui qui n'ose;
Mais, hier, j'ai vu, de mes yeux,
Qu'on travaille peu pour les cieux :
Dans ce métier tout n'est pas rose. (*bis.*)

Militaire, quel agrément,
Quelle glorieuse carrière !
On me verrait, au régiment,
A la paix préférer la guerre ;
Mais, las! depuis le caporal,
Qui vous rudoie souvent sans cause,
Jusqu'à l'officier-général
Qui donne souvent bien du mal :
Je trouve que tout n'est pas rose. (*bis.*)

Si je me faisais avocat,
Je plaiderais pour l'innocence,
Car, en adoptant cet état,
Toujours je prendrais sa défense ;
Mais, ma foi, quand je vois plaider
Le faux comme une bonne cause,
Je dis : Je ne pourrais aider
Le crime sans bientôt céder :
Encore une où tout n'est pas rose. (*bis.*)

Le commerce me tend les bras,
Et puisque j'ai quelque ressource,
Lançons-nous, prenons nos ébats,
Et suivons le cours de la Bourse ;
Mais combien vois-je de sujets
Qui ne viennent que pour la pose
Se ruiner là, et puis après
Au suicide se trouver prêts :
Chez ces gens-là tout n'est pas rose. (*bis.*)

Mais je commence à me lasser
De me chercher une carrière.
Ma foi, je saurai m'en passer,
C'est ce que j'ai de mieux à faire.
Au village, petit rentier,
Cultivons le navet, la rose ;
Aux champs, donnons-nous tout entier,
Et restons dans le droit sentier :
A la ville tout n'est pas rose. (*bis.*)

Alex. AMELINE.

CE QUE C'EST
QUE L'AMOUR.

AIR : *Pour faire un nid.*

Tu me demandes, Marguérite,
En causant avec moi le jour,
De ta bouche rose et petite,
Parfois, ce que c'est que l'amour.
L'amour, à ton âge, ma belle,
Lorsqu'on a seize ans révolus,
Ne se montre jamais rebelle
Et vous place avec ses élus.
L'amour possède un doux visage ;
Il règne à la ville, à la cour ;
Mais, il est trompeur et volage :
Voilà ce que c'est que l'amour.

Tout fait l'amour dans la nature ;
Le papillon le fait aux fleurs ;
Le ruisseau, dans son doux murmure,
Fait l'amour en versant des pleurs.
Le soleil le fait à la terre,
Le zéphir le fait aux forêts ;
L'oiseau fait l'amour sans mystère
Sur les branches, dans les guérets.
    L'amour possède, etc.

Lorsque ma main cherche la tienne,
Quand je regarde tes beaux yeux,
Je voudrais que tu m'appartienne,
Pour goûter le bonheur des dieux.
Lorsque ta voix pure et candide,
Me répond avec sa bonté,
Mon pauvre cœur devient timide :
C'est de l'amour, en vérité.

De l'amour, vrai, c'est le langage,
Dit la jeune fille à son tour ;
Je t'aimerai ; mais, sois bien sage,
Je sais ce que c'est que l'amour.

              EUGÈNE BAUMESTER.

LA
NOUVELLE CROISADE.

AIR CONNU.

Partant pour la Syrie,
Généreux alliés,
Fils de toute patrie,
Vieux rivaux, oubliez !...
Qui souffre est votre frère :
Chrétiens, il faut partir !
Sur la rive étrangère
Tout un peuple est martyr ! } *bis.*

Que là croix s'y relève,
La croix, sublime don !...
D'un côté, c'est le glaive...
De l'autre, le pardon !...
Vous, de votre demeure,
Riches, ouvrez la main !
Là-bas, l'orphelin pleure...
Il serait tard demain ! } *bis.*

Mais aux sanglantes haines
Tout cœur doit se fermer ;
Qu'il ne soit plus de chaînes !
Il est si doux d'aimer !...
Et que l'homme, plus digne
Des trésors du progrès,
Vienne adorer le règne
De l'éternelle paix ! } *bis.*

Oui, ce siècle est le nôtre,
Grand, entre les plus grands !
Siècle où plus d'un apôtre
Est sorti de nos rangs !...
Siècle où toute puissance
Sur les faux Dieux brisés,
Chante : Honneur à la France !
Gloire aux nouveaux Croisés ! } *bis.*

EUGÈNE HUVÉ DE GAREL.

QUAND ON N'A PAS
CE QU'ON AIME.

Air : *Oh! du bataillon d'Afrique.*

On n'a pas toujours sur terre
Ce qu'on aime, assurément.
En dépit du sort contraire,
Il faut se montrer content.
Et pour être heureux, voilà,
Selon moi, l' meilleur système :
   Quand on n'a pas ce qu'on aime,
   Il faut aimer ce qu'on a.

Dans la maison de mon père,
Je recevais chaqu' matin
Plus de coups d' pieds ou d' lanière
Que d' baisers ou d' morceaux d' pain ;
Grâce à ce régime-là,
J' devins d'un' maigreur extrême :
   Quand on n'a pas, etc.

A vingt ans j'aimais la gloire,
Et pour dev'nir général,
J' m'engageais... mais, ô déboire,
Je n' fus pas mêm' caporal ;
Mais j' reçus, c' qui m' consola,
Du feu le brûlant baptême :
   Quand on n'a pas, etc.

On aime femme jolie
Et douce comme un mouton.
La mienne est une furie
Qui jure comme un dragon ;
Elle est borgne et cœtera,
Mais j' veux être heureux quand même :
   Quand on n'a pas, etc.

Je n'ai pu, c'est grand dommage,
Avoir seul'ment un garçon,
Pour qu'il ait, quel avantage,
L'héritage de mon nom ;
Mais de filles, me voilà
Déjà l' papa d' la sixième :
   Quand on n'a pas ce qu'on aime,
   Il faut aimer ce qu'on a.

            MAURICE PATEZ.

QU' ÇA N' SOIT PAS MOI
QUI VOUS DÉRANGE!

———

AIR : *Excusez, si je vous dérange!*
ou du *Charlatanisme.*

———

J'aime un silence approbateur,
Je l'exige même, et pour cause ;
J'ai la voix faible et j' suis auteur,
Ce nom là toujours en impose.
Mais vous, que j'entends babiller,
Si la langue, amis, vous démange,
Pendant que j' vais m'égosiller,
Vous pouvez parler ou crier...
Qu' çà n' soit pas moi qui vous dérange!

Par un marchand d' vin dont j' tais l' nom,
Vu qu'il ne fait rien à l'histoire,
Voulant m' fair' payer un canon,
Je fus à son laboratoire.
C' garçon m'apprit qu'il haïssait
Qu'un tonneau restât en vidange ;
Mais de l' remplir, comme il cessait,
J' lui dis : continuez, j' vois c' que c'est...
Qu' çà n' soit pas moi qui vous dérange !

Savez-vous comment j' devins veuf?
J' voyageais avec mon épouse ;
Un voleur, dans l' métier fort neuf,
Nous attaque près de Toulouse.
Déjà je m' croyais un homm' mort ;
Mais y n' me prend, bonheur étrange !
Que ma femme, et se sauve encor...
J' lui criais : n'allez pas si fort !...
Qu' çà n' soit pas moi qui vous dérange !

J' vois un homme un jour se noyer,
Et n'écoutant que mon courage,
Soudain sans me déshabiller,
Pour l' sauver, je m' jette à la nage !
Je v'nais à pein' de l' repêcher,
Qu'il se pend à la port' d'un' grange ;
J' lui dis, en l' voyant s'accrocher :
Mon vieux, vous fait's bien d' vous sécher ;
Qu' çà n' soit pas moi qui vous dérange !

DÉSIRÉ ROGER.

FIN.

Paris. — Typ. CHAUMONT, 6, rue Saint-Spire.

NOUVEAU RECUEIL DE CHANSONS.

L'AMI

DE LA

CHANSON

SOMMAIRE.

4me LIVRAISON.

MAISON SPÉCIALE

A. HURD.

LIBRAIRE-ÉDITEUR,

RUE DAUPHINE, 44, PRÈS LE PONT-NEUF.

1860

UNE PORTIÈRE
Qui n'a plus de Tabac.

AIR : { *Des Auvergnats*
ou *Il faut remercier l' bon Dieu d' tout.*

Sais-tu la triste nouvelle,
Sais-tu ce que le destin ?
A moi, portière modèle
M'envoie sur le casaquin.
Ecoute, chère voisine,
Et si tu mis quelquefois
Du tabac dans ta narine,
Fleurons la rigueur des lois.

Ce fut à ma tabatière
Que je dus mes grands succès,
A défaut de nous, commère,
Le tabac a des attraits ;
Mais aujourd'hui la Civette,
Sans façon m'en rogne un quart,
Ça m'a coupé la musette
Et fait pâlir mon camard.

Jamais je n'usai pour plaire
Le parfum tiré des fleurs ;
La prise et mon savoir faire
Charmaient, enivraient les cœurs.
Mais, voilà que mes ressources,
Par suite d'un noir décret,
Ont vu se tarés leurs sources...
Quel horrible camouflet !

O temps heureux qui s'envole,
Où ma boîte et mes beaux yeux
Faisaient perdre la boussole
A maint et maint amoureux !
Sans songer qu'il me défrise,
Jean qui parut m'aimer tant,
Disparut avec la prise...
C'est un scandale effrayant.

MASSE.

ABD-EL-KADER

AIR : *L'homme au Masque de fer.*

Sur le sol africain apôtre du prophète,
Combien je chérissais ma tribu, mes aïeux !
Je voulus des Français empêcher la conquête,
Et combattis longtemps leur drapeau glorieux.
Mais ils furent vainqueurs malgré notre vaillance,
Mahomet, le Koran fut par eux respecté.
On doit aimer le Dieu des enfants de la France,
Car il prescrit la paix et la fraternité.

Je vis près de l'Atlas m'échapper la victoire,
Alors, les yeux en pleurs je quittai mes guerriers,
Je traversai la mer, puis au bord de la Loire,
L'ennemi me rendit mes armes, mes coursiers.
Mahomet, quand tes lois ordonnent la vengeance,
J'éprouvai des Français la générosité.
Je préfère au Koran le code de la France,
Il est juste pour tous : c'est la fraternité.

Aux plaines d'Orient, ma nouvelle patrie,
Au nom d'Allah, j'ai vu frapper des citoyens.
Des Druses inhumains, honte de la Syrie,
Immoler sans pitié d'innombrables chrétiens.
Mahomet, de tes lois, telle est donc l'impuissance,
Tu ne peux réprimer tant de férocité !
J'appelle sur ces bords le drapeau de la France,
Il nous rendra la paix et la fraternité.

Venez, chrétiens, venez, un danger vous menace,
Les Druses, de tous temps vos cruels ennemis,
En veulent à vos jours : nous vaincrons leur audace.
Loin de vous protéger, les soldats Osmanlis
Semblent encourager leur rage meurtrière.
Acceptez ma maison, mon hospitalité,
Je vous y défendrai ; cédez à ma prière :
Je connais les devoirs de la fraternité.

Henri TURENNE.

QUEU DRÔL' D'AMOUREUX

Air : *Dans ton charmant taudis.*

Ah ! queu drôl' d'amoureux !
  Est-i' couenne,
  Ce pauvre Antoine !
I' m' parl' de blé, d'avoine,
D' sa vache et d' ses bœufs ;
J' voudrais ben l'épouser,
Pour l' bien dont il dispose ;
Mais, j'ai peur d' m'abuser ;
Sitôt qu' j' le propose,
I' dit : v'là ben autr' chose ! — Ah ! queu drôl', etc.

Quand j' dis : Allons cueillir
La prun' sous la verdure ;
Crac ! je l' vois défaillir ;
Puis, tout bas, i' murmure :
Ell' n'est point assez mûre : — Ah ! queu drôl', etc.

Si j' l'i dis, vers le soir :
Dans c' lieu désert, agreste,
Viens près de moi t'asseoir ;
I' dit d'un ton modeste :
J' crains de salir ma veste ! — Ah ! queu drôl', etc.

J' l'i redisais tantôt :
Tu sais, la jeune Claire
Va s' marier bientôt ;
I' répond, pour m' complaire :
I' faut la laisser faire ! — Ah ! queu drôl', etc.

Si j' le pri' poliment
D' ramasser ma mitaine ;
I' reprend brusquement :
C'est êtr' un peu trop vaine ;
A quoi bon prendr' cett' peine ! — Ah ! queu drôl', etc.

Si j' l'i parle d'enfants,
Et, plus tard mêm' des nôtres ;
I' prend d's airs triomphants,
En disant : d' tels apôtres,
J' les aim' ben mieux à d'autres ! — Ah ! queu drôl', etc.

MAZABRAUD (de Solignac).

LA JOIE FAIT PEUR

ROMANCE DRAMATIQUE.

Paroles d'ARTHUR LAMY.

AIR: *Demoiselle et Grisette.*

Depuis plus de trois ans, pour un lointain rivage,
En me disant adieu, Pierre partit un soir;
Je reviendrai, dit-il, alors un mariage
Bénira notre amour; mais, hélas! plus d'espoir!..
Il est mort loin de nous... Ciel! que dis-tu, ma mère?
Cette lettre... ô bonheur!... Pierre, ici, va venir!
   Pierre, ici, va venir!
Vous avez exaucé ma fervente prière;   } bis.
C'est trop, pitié, mon Dieu! de joie on peut mourir.

Sa main tenant ma main sous la verte feuillée,
Il me disait: crois-moi, va, crois-en mon ardeur;
Depuis plus de trois ans, l'espérance envolée,
Aux plus cruels tourments avait livré mon cœur.
Mais, il est de retour; il m'appelle sa femme,
Et notre vieux pasteur, demain, va nous bénir,
   Demain, va nous bénir!
D'ivresse et de bonheur, les coups brisent mon âme; } bis.
C'est trop, pitié, mon Dieu! de joie on peut mourir.

Entendez-vous les sons de la cloche argentée?
Échos harmonieux, montez vers l'Éternel;
Déjà, par vos doux soins, mère, je suis parée,
Pierre vient me chercher, il me mène à l'autel.
Oui, c'est lui... le voici... ciel! mon âme ravie
S'envole... est-ce la mort? Je me sens défaillir...
   Je me sens défaillir;
Dans les bras d'un époux, je renais à la vie. } bis.
Le bonheur, ici-bas, ne fait jamais mourir.

LA FÊTE

D'UNE MÈRE

ROMANCE.

Paroles d'Arthur LAMY.

Air : *Si les Fleurs parlaient ou du Retour des chansons.*

De tes enfants, mère, dans ta tendresse,
Quand tu guidais les jeunes pas tremblants,
Tu nous disais, le cœur plein de tristesse :
Petits encor, bientôt vous serez grands ;
Pour l'avenir en votre âme inquiète,
Vous chercherez le bonheur loin de moi.
Réjouis-toi, c'est aujourd'hui la fête, } *bis.*
Et tes enfants, mère, sont près de toi.

Tu nous disais : le sentier de la vie,
Petits enfants, est rude à parcourir,
Et les écueils sur la rive fleurie
Sont bien souvent cachés par le plaisir.
N'exposez pas au flot de la tempête
Vos jeunes cœurs remplis d'un doux émoi.
Réjouis-toi, c'est aujourd'hui ta fête, } *bis.*
Et tes enfants, mère, sont près de toi.

Il m'en souvient, mère, dans tes alarmes
Tu nous disais : Enfants, peut-être un jour
Un autre amour viendra malgré mes larmes,
Vous enlever au maternel amour,
Vous partirez... Hélas ! ma pauvre tête
A cette idée entrevoit le trépas.
Réjouis-toi, c'est aujourd'hui ta fête, } *bis.*
Et tes enfants ne te quitteront pas.

À LA MÉMOIRE DE

BÉRANGER

CHANSON

Paroles d'Arthur LAMY.

AIR : *Du retour des Chansons ou du Retour de France.*

Bienheureux fils d'une muse adorée,
En ton cercueil, illustre BÉRANGER !
Réveille-toi, ta lyre bien-aimée
Adoucit l'âme et bannit le danger.
Non, tu n'es plus ; mais, un peuple en silence
Garde, en son cœur, tes divines leçons,   (bis.)
Et dans cent ans les enfants de la France
Répéteront tes sublimes chansons.   } bis.

Bravant du sort l'aveugle perfidie
Et flagellant le sot, le courtisan,
Résolument tu consacras ta vie
A soulager le pauvre, l'artisan.
Noble penseur, que ta mâle éloquence
Guide nos pas à travers les sillons,   (bis.)
Et dans cent ans les enfants de la France
Répéteront tes sublimes chansons.   } bis.

Bien loin ces jours où la horde ennemie
En nos pays changeant un fier drapeau,
Rivait des fers que la haine et l'envie
Avaient flétris jusqu'au fond du tombeau.
Notre malheur émut ton luth immense,
Grands et petits reçurent tes leçons,   (bis.)
Et dans cent ans les enfants de la France
Répéteront tes sublimes chansons.   } bis.

Bon, généreux, tu passas sur la terre,
Et tes couplets, hymnes de l'atelier,
Rendaient l'espoir au pauvre prolétaire,
Aux malheureux ils faisaient oublier.
Notre pays, plein de reconnaissance,
Grave ton nom, que tous nous chérissons,   (bis.)
Et dans cent ans les enfants de la France
Répéteront tes sublimes chansons.   } bis.

LA BONNE TERRE.

AIR : *Ma Vigne.* (DUPONT.)

Dieu, dont les immmortelles mains
En six jours firent les humains,
Les cieux et la nature entière,
Dit à l'homme : Sois travailleur,
Courbe ton front sous le labeur.
Car, le travail c'est la prière
Qui s'adressant à l'Éternel
De la vie adoucit le fiel.

REFRAIN.

Du soleil déjà la lumière
Vient éclairer nos vieux coteaux,
Bon laboureur à tes travaux
Car c'est ton bras (*bis*) qui fait la terre.
    Oui, le bon bras
    Fait ici-bas
    La bonne terre.

Malgré le froid ou la chaleur,
Le corps ruisselant de sueur,
Chante et travaille avec courage.
Sur la côte, dans le vallon,
Partout va, creusant le sillon ;
Et pour féconder ton ouvrage,
Le ciel enverra sur tes champs
Un peu de pluie et du beau temps.
    Du soleil, etc.

Le cœur rongé de vains désirs,
Esclaves de coûteux plaisirs,
On voit l'habitant de la ville
Toujours inquiet et jaloux,
Du sort accuser le courroux ;
L'homme des champs est plus tranquille ;
C'est pour lui que dans sa bonté,
Le Seigneur fit la liberté.
    Du soleil, etc.   A. LAMY.

LES
JOLIS LUTINS

PARODIE

Par MARC CONSTANTIN

❦

AIR: *des jolis Pantins.*

Un jour, à Paris, sortant d' not' village,
Ma tant' Godillard, un matin, me dit:
Vois-tu, mon loulou, tâch' de rester sage,
Et n' fais pas d' bêtis' dans ce gueux d' Paris,
Qu'on appell' à tort un vrai paradis.
Prends ce p'tit magot pour cett' vill' de plâtre,
Et n' vas pas t' loger dans l' quartier latin:
Le bal des Lilas, les fill's de théâtre,
Te croqu'raient bientôt ton pauv' saint-frusquin!

> Lutins que vous êtes,
> Vendez vos amours;
> De ces girouettes
> L'on rira toujours!

Sais-tu bien comment se mett'nt tout's ces biches,
Pour mett' dans l' panneau ces crétins d' bourgeois:
Pas du tout d' corset, les cheveux en friches,
Une robe à q'eue et des talons d' bois,
Du rouge et du blanc l'épaisseur du doigt!
Tout's, pour quelques louis, dans'raient sur la corde,
F'raient des yeux de carpe et la bouche en cœur;
Mais ell's sont pour eux sans miséricorde,
Dès qu'ell's ont ruiné leurs adorateurs!

> Lutins que vous êtes, etc.

LA FILLE
DU LABOUREUR.

ROMANCE.

Paroles D'ARTHUR LAMY.

AIR: *du Christ aux pieds nus.*

Lorsque mes bœufs, rentrés à l'écurie,
Vont oublier les fatigues du jour,
Près du berceau de ma fille chérie,
Moi, tout joyeux, je vais avec amour.
Et quand vient l'heure, où, dans chaque chaumière,
On fait des vœux au Seigneur tout-puissant,
Je ne sais plus qu'une seule prière :
Mon Dieu ! mon Dieu ! protégez mon enfant.   } bis.

J'étais heureux, d'un bonheur sans mélange,
De ce bonheur qui rend les cieux jaloux ;
Car, pour toujours, une femme, un bon ange,
M'avait donné le doux titre d'époux.
Un peu plus tard, une fille bien chère
Vint embellir le toit du paysan...
Mon Dieu, mon Dieu, vous m'avez pris la mère,   } bis.
Ah ! par pitié ! protégez mon enfant !

Et maintenant, faible enfant, sur la terre,
Tu n'as plus rien que mes bras et mon cœur ;
Il te faudra partager la misère
Et le pain noir du pauvre laboureur.
Mais, qu'ai-je dit ! — Va, ne crains pas l'orage,
Les blés pour toi produiront du pain blanc ;
Car je sens là se grandir mon courage,   } bis.
Et le bon Dieu doit bénir mon enfant.

LE
CHANTEUR AMBULANT

AIR : *Alerte ! c'est le carnaval, ou da Charlotte.*

Je chante, du matin au soir,
La gloire des fils de la France ;
Aux cœurs brisés par la souffrance,
  Je rends un peu d'espoir.
    Dans un joyeux émoi,
    Dès que ma voix prélude,
    Soudain la multitude
    Fait cercle autour de moi.
    On aime les leçons
    Du chanteur populaire ;
    Il est le mandataire
    Du progrès en chansons.
      Je chante, etc.

De l'auteur chansonnier,
Jouet de la misère,
  Qui, seul, se désespère
Dans un pauvre grenier,
Je répète les chants
Nés d'un sombre délire ;
Tout noble cœur soupire
  A ses accords touchants.
    Je chante, etc.

  De nos vaillants guerriers,
  Le front couvert de gloire,
  Après une victoire,
  Je chante les lauriers.

Comme eux jeunes enfants,
Pour une cause sainte,
Plus tard, marchez sans crainte,
Vous serez triomphants!
    Je chante, etc.

J'ai plus d'un gai refrain
Pour la tendre fillette;
J'en ai pour la coquette
Au cœur froid et mondain.
J'offre des vers galants
A l'amoureuse ivresse ;
J'en offre à la viellesse
Toujours plus consolants.
    Je chante, etc.

Un avide étranger
Veut-il nous faire outrage ?
Je dis : — Frères, courage !
Affrontons le danger !
Pour de nouveaux exploits,
S'il passe la frontière,
La France tout entière
Veillera sur ses droits!
    Je chante, etc.

Qui de nous n'a gémi
Aux récentes alarmes ?
Mais, au bruit de nos armes,
A cédé l'ennemi !
Quand l'orage a cessé,
Chacun remet son glaive,
Et de sa main relève
Un frère terrassé !
    Je chante, etc.

MAZABRAUD (de Solignac).

UN DÉJEUNER A BERCY.

Air : *Le bon vin, la franche gaîté !*

Défonçons barils et tonneaux !
La folie,
A Bercy, nous rallie ;
Défonçons barils et tonneaux !
Attaquons les vieux fûts, respectons les nouveaux !

Que d'autres parcourent le monde,
Dans leur folle humeur vagabonde ;
Par goût, nous aimons le plaisir
Que, tout près, chacun peut saisir.
Quand de vin nos caves sont pleines,
Oublions les plages lointaines,
Bornons ici notre chemin ;
Et tous, le verre en main,
Buvons jusqu'à demain !

Défonçons, etc.

Voyez sur les bords de la Seine
Ces muids étalés par centaine ;
Ils viennent des côteaux fleuris,
Nous porter la joie à Paris.
Le Bourgogne près du Champagne,
Le dispute aux vins d'Espagne ;
Envers tous montrons-nous courtois,
Sans accorder le choix
Au Madère, à l'Arbois !

Défonçons, etc.

Qui peut rattacher à la vie
Ce vieux ladre à l'âme asservie,
De l'œil couvant son coffre-fort ?
Se croit-il exempt de la mort ?
Sur terre, en butte à maint orage,
Où plus d'un souvent fait naufrage,
Tâchons de couler d'heureux jours ;
Le bon vin fut toujours
Le père des amours !

Défonçons, etc.

Quand le savant fondant les astres,
La cause des futurs désastres,
Qu'il pérore, en longs mots, en us,
Sur Jupiter, Mars et Vénus !
Nous savons chanter, rire et boire,
Ce beau talent n'est point sans gloire !
Plaignons les buveurs damerets,
　　Séduits par les attraits
　　Des muscats, des clairets !

　　　Défonçons, etc.

Prenons en pitié les usages
Des buveurs d'eau, se disant sages ;
Trouva-t-on jamais la gaîté
Dans un breuvage frelaté ?
Après l'énorme gibelotte,
Qu'on nous serve une matelotte !
Et que tous, gourmands et gourmets,
Nous trouvions dans ces mets
　　De suaves fumets !

　　　Défonçons, etc.

La vie est de courte durée,
Qu'elle soit de charme entourée !...
De nos aïeux, gais nourrissons,
Imitons les doctes leçons !
Et si, plus tard, notre mémoire
N'a pas les honneurs de l'histoire,
Nous dirons, en fermant les yeux :
　　Voulez-vous, en ces lieux,
　　Être toujours joyeux ?

　　　Défonçons, etc.

　　　　　MAZABRAUD (de Solignac).

　　　　　FIN.

Paris. — Typ. CHAUMONT, rue St-Spire.